This Planner Belongs To:

....

January 2021

Sunday	Monday	Tuesday	Wednesday
27	28	29	30
3	4	5	6
10	11	12	13
17	18	19	20
24	25	26	27
31	1	2	3

January 2021

Thursday	Friday	Saturday
31	1	2
7	8	9
14	15	16
21	22	23
28	29	30
4	5	6

Notes

February 2021

Sunday	Monday	Tuesday	Wednesday
31	1	2	3
7	8	9	10
14	15	16	17
21	22	23	24
28	1	2	3
7	8	9	10

February 2021

Thursday	Friday	Saturday
4	5	6
11	12	13
18	19	20
25	26	27
4	5	6
11	12	13

Notes

March 2021

Sunday	Monday	Tuesday	Wednesday
28	1	2	3
7	8	9	10
14	15	16	17
21	22	23	24
28	29	30	31
4	5	6	7

March 2021

Thursday	Friday	Saturday
4	5	6
11	12	13
18	19	20
25	26	27
1	2	3
8	9	10

Notes

April 2021

Sunday	Monday	Tuesday	Wednesday
28	29	30	31
4	5	6	7
11	12	13	14
18	19	20	21
25	26	27	28
2	3	4	5

April 2021

Thursday	Friday	Saturday
1	2	3
8	9	10
15	16	17
22	23	24
29	30	1
6	7	8

Notes

May 2021

Sunday	Monday	Tuesday	Wednesday
25	26	27	28
2	3	4	5
9	10	11	12
16	17	18	19
23	24	25	26
30	31	1	2

May 2021

Thursday	Friday	Saturday
29	30	1
6	7	8
13	14	15
20	21	22
27	28	29
3	4	5

Notes

June 2021

Sunday	Monday	Tuesday	Wednesday
30	31	1	2
6	7	8	9
13	14	15	16
20	21	22	23
27	28	29	30
4	5	6	7

June 2021

Thursday	Friday	Saturday
3	4	5
10	11	12
17	18	19
24	25	26
1	2	3
8	9	10

Notes

July 2021

Sunday	Monday	Tuesday	Wednesday
27	28	29	30
4	5	6	7
11	12	13	14
18	19	20	21
25	26	27	28
1	2	3	4

July 2021

Thursday	Friday	Saturday
1	2	3
8	9	10
15	16	17
22	23	24
29	30	31
5	6	7

Notes

August 2021

Sunday	Monday	Tuesday	Wednesday
1	2	3	4
8	9	10	11
15	16	17	18
22	23	24	25
29	30	31	1
5	6	7	8

August 2021

Thursday	Friday	Saturday
5	6	7
12	13	14
19	20	21
26	27	28
2	3	4
9	10	11

Notes

September 2021

Sunday	Monday	Tuesday	Wednesday
29	30	31	1
5	6	7	8
12	13	14	15
19	20	21	22
26	27	28	29
3	4	5	6

September 2021

Thursday	Friday	Saturday
2	3	4
9	10	11
16	17	18
23	24	25
30	1	2
7	8	9

Notes

October 2021

Sunday	Monday	Tuesday	Wednesday
26	27	28	29
3	4	5	6
10	11	12	13
17	18	19	20
24	25	26	27
31	1	2	3

October 2021

Thursday	Friday	Saturday
30	1	2
7	8	9
14	15	16
21	22	23
28	29	30
4	5	6

Notes

November 2021

Sunday	Monday	Tuesday	Wednesday
31	1	2	3
7	8	9	10
14	15	16	17
21	22	23	24
28	29	30	1
5	6	7	8

November 2021

Thursday	Friday	Saturday
4	5	6
11	12	13
18	19	20
25	26	27
2	3	4
9	10	11

Notes

December 2021

Sunday	Monday	Tuesday	Wednesday
28	29	30	1
5	6	7	8
12	13	14	15
19	20	21	22
26	27	28	29
2	3	4	5

December 2021

Thursday	Friday	Saturday
2	3	4
9	10	11
16	17	18
23	24	25
30	31	1
6	7	8

Notes

January 2022

Sunday	Monday	Tuesday	Wednesday
26	27	28	29
2	3	4	5
9	10	11	12
16	17	18	19
23	24	25	26
30	31	1	2

January 2022

Thursday	Friday	Saturday
30	31	1
6	7	8
13	14	15
20	21	22
27	28	29
3	4	5

Notes

February 2022

Sunday	Monday	Tuesday	Wednesday
30	31	1	2
6	7	8	9
13	14	15	16
20	21	22	23
27	28	1	2
6	7	8	9

February 2022

Thursday	Friday	Saturday
3	4	5
10	11	12
17	18	19
24	25	26
3	4	5
10	11	12

Notes

March 2022

Sunday	Monday	Tuesday	Wednesday
27	28	1	2
6	7	8	9
13	14	15	16
20	21	22	23
27	28	29	30
3	4	5	6

March 2022

Thursday	Friday	Saturday
3	4	5
10	11	12
17	18	19
24	25	26
31	1	2
7	8	9

Notes

April 2022

Sunday	Monday	Tuesday	Wednesday
27	28	29	30
3	4	5	6
10	11	12	13
17	18	19	20
24	25	26	27
1	2	3	4

April 2022

Thursday	Friday	Saturday
31	1	2
7	8	9
14	15	16
21	22	23
28	29	30
5	6	7

Notes

May 2022

Sunday	Monday	Tuesday	Wednesday
1	2	3	4
8	9	10	11
15	16	17	18
22	23	24	25
29	30	31	1
5	6	7	8

May 2022

Thursday	Friday	Saturday
5	6	7
12	13	14
19	20	21
26	27	28
2	3	4
9	10	11

Notes

June 2022

Sunday	Monday	Tuesday	Wednesday
29	30	31	1
5	6	7	8
12	13	14	15
19	20	21	22
26	27	28	29
3	4	5	6

June 2022

Thursday	Friday	Saturday
2	3	4
9	10	11
16	17	18
23	24	25
30	1	2
7	8	9

Notes

July 2022

Sunday	Monday	Tuesday	Wednesday
26	27	28	29
3	4	5	6
10	11	12	13
17	18	19	20
24	25	26	27
31	1	2	3

July 2022

Thursday	Friday	Saturday
30	1	2
7	8	9
14	15	16
21	22	23
28	29	30
4	5	6

Notes

August 2022

Sunday	Monday	Tuesday	Wednesday
31	1	2	3
7	8	9	10
14	15	16	17
21	22	23	24
28	29	30	31
4	5	6	7

August 2022

Thursday	Friday	Saturday
4	5	6
11	12	13
18	19	20
25	26	27
1	2	3
8	9	10

Notes

September 2022

Sunday	Monday	Tuesday	Wednesday
28	29	30	31
4	5	6	7
11	12	13	14
18	19	20	21
25	26	27	28
2	3	4	5

September 2022

Thursday	Friday	Saturday
1	2	3
8	9	10
15	16	17
22	23	24
29	30	1
6	7	8

Notes

October 2022

Sunday	Monday	Tuesday	Wednesday
25	26	27	28
2	3	4	5
9	10	11	12
16	17	18	19
23	24	25	26
30	31	1	2

October 2022

Thursday	Friday	Saturday
29	30	1
6	7	8
13	14	15
20	21	22
27	28	29
3	4	5

Notes

November 2022

Sunday	Monday	Tuesday	Wednesday
30	31	1	2
6	7	8	9
13	14	15	16
20	21	22	23
27	28	29	30
4	5	6	7

November 2022

Thursday	Friday	Saturday
3	4	5
10	11	12
17	18	19
24	25	26
1	2	3
8	9	10

Notes

December 2022

Sunday	Monday	Tuesday	Wednesday
27	28	29	30
4	5	6	7
11	12	13	14
18	19	20	21
25	26	27	28
1	2	3	4

December 2022

Thursday	Friday	Saturday
1	2	3
8	9	10
15	16	17
22	23	24
29	30	31
5	6	7

Notes

January 2023

Sunday	Monday	Tuesday	Wednesday
1	2	3	4
8	9	10	11
15	16	17	18
22	23	24	25
29	30	31	1
5	6	7	8

January 2023

Thursday	Friday	Saturday
5	6	7
12	13	14
19	20	21
26	27	28
2	3	4
9	10	11

Notes

February 2023

Sunday	Monday	Tuesday	Wednesday
29	30	31	1
5	6	7	8
12	13	14	15
19	20	21	22
26	27	28	1
5	6	7	8

February 2023

Thursday	Friday	Saturday
2	3	4
9	10	11
16	17	18
23	24	25
2	3	4
9	10	11

Notes

March 2023

Sunday	Monday	Tuesday	Wednesday
26	27	28	1
5	6	7	8
12	13	14	15
19	20	21	22
26	27	28	29
2	3	4	5

March 2023

Thursday	Friday	Saturday
2	3	4
9	10	11
16	17	18
23	24	25
30	31	1
6	7	8

Notes

April 2023

Sunday	Monday	Tuesday	Wednesday
26	27	28	29
2	3	4	5
9	10	11	12
16	17	18	19
23	24	25	26
30	1	2	3

April 2023

Thursday	Friday	Saturday
30	31	1
6	7	8
13	14	15
20	21	22
27	28	29
4	5	6

Notes

May 2023

Sunday	Monday	Tuesday	Wednesday
30	1	2	3
7	8	9	10
14	15	16	17
21	22	23	24
28	29	30	31
4	5	6	7

May 2023

Thursday	Friday	Saturday
4	5	6
11	12	13
18	19	20
25	26	27
1	2	3
8	9	10

Notes

June 2023

Sunday	Monday	Tuesday	Wednesday
28	29	30	31
4	5	6	7
11	12	13	14
18	19	20	21
25	26	27	28
2	3	4	5

June 2023

Thursday	Friday	Saturday
1	2	3
8	9	10
15	16	17
22	23	24
29	30	1
6	7	8

Notes

July 2023

Sunday	Monday	Tuesday	Wednesday
25	26	27	28
2	3	4	5
9	10	11	12
16	17	18	19
23	24	25	26
30	31	1	2

July 2023

Thursday	Friday	Saturday
29	30	1
6	7	8
13	14	15
20	21	22
27	28	29
3	4	5

Notes

August 2023

Sunday	Monday	Tuesday	Wednesday
30	31	1	2
6	7	8	9
13	14	15	16
20	21	22	23
27	28	29	30
3	4	5	6

August 2023

Thursday	Friday	Saturday
3	4	5
10	11	12
17	18	19
24	25	26
31	1	2
7	8	9

Notes

September 2023

Sunday	Monday	Tuesday	Wednesday
27	28	29	30
3	4	5	6
10	11	12	13
17	18	19	20
24	25	26	27
1	2	3	4

September 2023

Thursday	Friday	Saturday
31	1	2
7	8	9
14	15	16
21	22	23
28	29	30
5	6	7

Notes

October 2023

Sunday	Monday	Tuesday	Wednesday
1	2	3	4
8	9	10	11
15	16	17	18
22	23	24	25
29	30	31	1
5	6	7	8

October 2023

Thursday	Friday	Saturday
5	6	7
12	13	14
19	20	21
26	27	28
2	3	4
9	10	11

Notes

November 2023

Sunday	Monday	Tuesday	Wednesday
29	30	31	1
5	6	7	8
12	13	14	15
19	20	21	22
26	27	28	29
3	4	5	6

November 2023

Thursday	Friday	Saturday
2	3	4
9	10	11
16	17	18
23	24	25
30	1	2
7	8	9

Notes

December 2023

Sunday	Monday	Tuesday	Wednesday
26	27	28	29
3	4	5	6
10	11	12	13
17	18	19	20
24	25	26	27
31	1	2	3

December 2023

Thursday	Friday	Saturday
30	1	2
7	8	9
14	15	16
21	22	23
28	29	30
4	5	6

Notes

January 2024

Sunday	Monday	Tuesday	Wednesday
31	1	2	3
7	8	9	10
14	15	16	17
21	22	23	24
28	29	30	31
4	5	6	7

January 2024

Thursday	Friday	Saturday
4	5	6
11	12	13
18	19	20
25	26	27
1	2	3
8	9	10

Notes

February 2024

Sunday	Monday	Tuesday	Wednesday
28	29	30	31
4	5	6	7
11	12	13	14
18	19	20	21
25	26	27	28
3	4	5	6

February 2024

Thursday	Friday	Saturday
1	2	3
8	9	10
15	16	17
22	23	24
29	1	2
7	8	9

Notes

March 2024

Sunday	Monday	Tuesday	Wednesday
25	26	27	28
3	4	5	6
10	11	12	13
17	18	19	20
24	25	26	27
31	1	2	3

March 2024

Thursday	Friday	Saturday
29	1	2
7	8	9
14	15	16
21	22	23
28	29	30
4	5	6

Notes

April 2024

Sunday	Monday	Tuesday	Wednesday
31	1	2	3
7	8	9	10
14	15	16	17
21	22	23	24
28	29	30	1
5	6	7	8

April 2024

Thursday	Friday	Saturday
4	5	6
11	12	13
18	19	20
25	26	27
2	3	4
9	10	11

Notes

May 2024

Sunday	Monday	Tuesday	Wednesday
28	29	30	1
5	6	7	8
12	13	14	15
19	20	21	22
26	27	28	29
2	3	4	5

May 2024

Thursday	Friday	Saturday
2	3	4
9	10	11
16	17	18
23	24	25
30	31	1
6	7	8

Notes

June 2024

Sunday	Monday	Tuesday	Wednesday
26	27	28	29
2	3	4	5
9	10	11	12
16	17	18	19
23	24	25	26
30	1	2	3

June 2024

Thursday	Friday	Saturday
30	31	1
6	7	8
13	14	15
20	21	22
27	28	29
4	5	6

Notes

July 2024

Sunday	Monday	Tuesday	Wednesday
30	1	2	3
7	8	9	10
14	15	16	17
21	22	23	24
28	29	30	31
4	5	6	7

July 2024

Thursday	Friday	Saturday
4	5	6
11	12	13
18	19	20
25	26	27
1	2	3
8	9	10

Notes

August 2024

Sunday	Monday	Tuesday	Wednesday
28	29	30	31
4	5	6	7
11	12	13	14
18	19	20	21
25	26	27	28
1	2	3	4

August 2024

Thursday	Friday	Saturday
1	2	3
8	9	10
15	16	17
22	23	24
29	30	31
5	6	7

Notes

September 2024

Sunday	Monday	Tuesday	Wednesday
1	2	3	4
8	9	10	11
15	16	17	18
22	23	24	25
29	30	1	2
6	7	8	9

September 2024

Thursday	Friday	Saturday
5	6	7
12	13	14
19	20	21
26	27	28
3	4	5
10	11	12

Notes

October 2024

Sunday	Monday	Tuesday	Wednesday
29	30	1	2
6	7	8	9
13	14	15	16
20	21	22	23
27	28	29	30
3	4	5	6

October 2024

Thursday	Friday	Saturday
3	4	5
10	11	12
17	18	19
24	25	26
31	1	2
7	8	9

Notes

November 2024

Sunday	Monday	Tuesday	Wednesday
27	28	29	30
3	4	5	6
10	11	12	13
17	18	19	20
24	25	26	27
1	2	3	4

November 2024

Thursday	Friday	Saturday
31	1	2
7	8	9
14	15	16
21	22	23
28	29	30
5	6	7

Notes

December 2024

Sunday	Monday	Tuesday	Wednesday
1	2	3	4
8	9	10	11
15	16	17	18
22	23	24	25
29	30	31	1
5	6	7	8

December 2024

Thursday	Friday	Saturday
5	6	7
12	13	14
19	20	21
26	27	28
2	3	4
9	10	11

Notes

2020 AT A GLANCE

JANUARY						
S	M	T	W	T	F	S
29	30	31	1	2	3	4
5	6	7	8	9	10	11
12	13	14	15	16	17	18
19	20	21	22	23	24	25
26	27	28	29	30	31	1
2	3	4	5	6	7	8

FEBRUARY						
S	M	T	W	T	F	S
26	27	28	29	30	31	1
2	3	4	5	6	7	8
9	10	11	12	13	14	15
16	17	18	19	20	21	22
23	24	25	26	27	28	29
1	2	3	4	5	6	7

MARCH						
S	M	T	W	T	F	S
1	2	3	4	5	6	7
8	9	10	11	12	13	14
15	16	17	18	19	20	21
22	23	24	25	26	27	28
29	30	31	1	2	3	4
5	6	7	8	9	10	11

APRIL						
S	M	T	W	T	F	S
29	30	31	1	2	3	4
5	6	7	8	9	10	11
12	13	14	15	16	17	18
19	20	21	22	23	24	25
26	27	28	29	30	1	2
3	4	5	6	7	8	9

MAY						
S	M	T	W	T	F	S
26	27	28	29	30	1	2
3	4	5	6	7	8	9
10	11	12	13	14	15	16
17	18	19	20	21	22	23
24	25	26	27	28	29	30
31	1	2	3	4	5	6

JUNE						
S	M	T	W	T	F	S
31	1	2	3	4	5	6
7	8	9	10	11	12	13
14	15	16	17	18	19	20
21	22	23	24	25	26	27
28	29	30	1	2	3	4
5	6	7	8	9	10	11

NOTES:

2020 AT A GLANCE

JULY						
S	M	T	W	T	F	S
28	29	30	1	2	3	4
5	6	7	8	9	10	11
12	13	14	15	16	17	18
19	20	21	22	23	24	25
26	27	28	29	30	31	1
2	3	4	5	6	7	8

AUGUST						
S	M	T	W	T	F	S
26	27	28	29	30	31	1
2	3	4	5	6	7	8
9	10	11	12	13	14	15
16	17	18	19	20	21	22
23	24	25	26	27	28	29
30	31	1	2	3	4	5

SEPTEMBER						
S	M	T	W	T	F	S
30	31	1	2	3	4	5
6	7	8	9	10	11	12
13	14	15	16	17	18	19
20	21	22	23	24	25	26
27	28	29	30	1	2	3
4	5	6	7	8	9	10

OCTOBER						
S	M	T	W	T	F	S
27	28	29	30	1	2	3
4	5	6	7	8	9	10
11	12	13	14	15	16	17
18	19	20	21	22	23	24
25	26	27	28	29	30	31
1	2	3	4	5	6	7

NOVEMBER						
S	M	T	W	T	F	S
1	2	3	4	5	6	7
8	9	10	11	12	13	14
15	16	17	18	19	20	21
22	23	24	25	26	27	28
29	30	1	2	3	4	5
6	7	8	9	10	11	12

DECEMBER						
S	M	T	W	T	F	S
29	30	1	2	3	4	5
6	7	8	9	10	11	12
13	14	15	16	17	18	19
20	21	22	23	24	25	26
27	28	29	30	31	1	2
3	4	5	6	7	8	9

NOTES:

2021 AT A GLANCE

JANUARY						
S	M	T	W	T	F	S
27	28	29	30	31	1	2
3	4	5	6	7	8	9
10	11	12	13	14	15	16
17	18	19	20	21	22	23
24	25	26	27	28	29	30
31	1	2	3	4	5	6

FEBRUARY						
S	M	T	W	T	F	S
31	1	2	3	4	5	6
7	8	9	10	11	12	13
14	15	16	17	18	19	20
21	22	23	24	25	26	27
28	1	2	3	4	5	6
7	8	9	10	11	12	13

MARCH						
S	M	T	W	T	F	S
28	1	2	3	4	5	6
7	8	9	10	11	12	13
14	15	16	17	18	19	20
21	22	23	24	25	26	27
28	29	30	31	1	2	3
4	5	6	7	8	9	10

APRIL						
S	M	T	W	T	F	S
28	29	30	31	1	2	3
4	5	6	7	8	9	10
11	12	13	14	15	16	17
18	19	20	21	22	23	24
25	26	27	28	29	30	1
2	3	4	5	6	7	8

MAY						
S	M	T	W	T	F	S
25	26	27	28	29	30	1
2	3	4	5	6	7	8
9	10	11	12	13	14	15
16	17	18	19	20	21	22
23	24	25	26	27	28	29
30	31	1	2	3	4	5

JUNE						
S	M	T	W	T	F	S
30	31	1	2	3	4	5
6	7	8	9	10	11	12
13	14	15	16	17	18	19
20	21	22	23	24	25	26
27	28	29	30	1	2	3
4	5	6	7	8	9	10

NOTES:

2021 AT A GLANCE

JULY						
S	M	T	W	T	F	S
27	28	29	30	1	2	3
4	5	6	7	8	9	10
11	12	13	14	15	16	17
18	19	20	21	22	23	24
25	26	27	28	29	30	31
1	2	3	4	5	6	7

AUGUST						
S	M	T	W	T	F	S
1	2	3	4	5	6	7
8	9	10	11	12	13	14
15	16	17	18	19	20	21
22	23	24	25	26	27	28
29	30	31	1	2	3	4
5	6	7	8	9	10	11

SEPTEMBER						
S	M	T	W	T	F	S
29	30	31	1	2	3	4
5	6	7	8	9	10	11
12	13	14	15	16	17	18
19	20	21	22	23	24	25
26	27	28	29	30	1	2
3	4	5	6	7	8	9

OCTOBER						
S	M	T	W	T	F	S
26	27	28	29	30	1	2
3	4	5	6	7	8	9
10	11	12	13	14	15	16
17	18	19	20	21	22	23
24	25	26	27	28	29	30
31	1	2	3	4	5	6

NOVEMBER						
S	M	T	W	T	F	S
31	1	2	3	4	5	6
7	8	9	10	11	12	13
14	15	16	17	18	19	20
21	22	23	24	25	26	27
28	29	30	1	2	3	4
5	6	7	8	9	10	11

DECEMBER						
S	M	T	W	T	F	S
28	29	30	1	2	3	4
5	6	7	8	9	10	11
12	13	14	15	16	17	18
19	20	21	22	23	24	25
26	27	28	29	30	31	1
2	3	4	5	6	7	8

NOTES:

2022 AT A GLANCE

JANUARY

S	M	T	W	T	F	S
26	27	28	29	30	31	1
2	3	4	5	6	7	8
9	10	11	12	13	14	15
16	17	18	19	20	21	22
23	24	25	26	27	28	29
30	31	1	2	3	4	5

FEBRUARY

S	M	T	W	T	F	S
30	31	1	2	3	4	5
6	7	8	9	10	11	12
13	14	15	16	17	18	19
20	21	22	23	24	25	26
27	28	1	2	3	4	5
6	7	8	9	10	11	12

MARCH

S	M	T	W	T	F	S
27	28	1	2	3	4	5
6	7	8	9	10	11	12
13	14	15	16	17	18	19
20	21	22	23	24	25	26
27	28	29	30	31	1	2
3	4	5	6	7	8	9

APRIL

S	M	T	W	T	F	S
27	28	29	30	31	1	2
3	4	5	6	7	8	9
10	11	12	13	14	15	16
17	18	19	20	21	22	23
24	25	26	27	28	29	30
1	2	3	4	5	6	7

MAY

S	M	T	W	T	F	S
1	2	3	4	5	6	7
8	9	10	11	12	13	14
15	16	17	18	19	20	21
22	23	24	25	26	27	28
29	30	31	1	2	3	4
5	6	7	8	9	10	11

JUNE

S	M	T	W	T	F	S
29	30	31	1	2	3	4
5	6	7	8	9	10	11
12	13	14	15	16	17	18
19	20	21	22	23	24	25
26	27	28	29	30	1	2
3	4	5	6	7	8	9

NOTES:

2022 AT A GLANCE

JULY						
S	M	T	W	T	F	S
26	27	28	29	30	1	2
3	4	5	6	7	8	9
10	11	12	13	14	15	16
17	18	19	20	21	22	23
24	25	26	27	28	29	30
31	1	2	3	4	5	6

AUGUST						
S	M	T	W	T	F	S
31	1	2	3	4	5	6
7	8	9	10	11	12	13
14	15	16	17	18	19	20
21	22	23	24	25	26	27
28	29	30	31	1	2	3
4	5	6	7	8	9	10

SEPTEMBER						
S	M	T	W	T	F	S
28	29	30	31	1	2	3
4	5	6	7	8	9	10
11	12	13	14	15	16	17
18	19	20	21	22	23	24
25	26	27	28	29	30	1
2	3	4	5	6	7	8

OCTOBER						
S	M	T	W	T	F	S
25	26	27	28	29	30	1
2	3	4	5	6	7	8
9	10	11	12	13	14	15
16	17	18	19	20	21	22
23	24	25	26	27	28	29
30	31	1	2	3	4	5

NOVEMBER						
S	M	T	W	T	F	S
30	31	1	2	3	4	5
6	7	8	9	10	11	12
13	14	15	16	17	18	19
20	21	22	23	24	25	26
27	28	29	30	1	2	3
4	5	6	7	8	9	10

DECEMBER						
S	M	T	W	T	F	S
27	28	29	30	1	2	3
4	5	6	7	8	9	10
11	12	13	14	15	16	17
18	19	20	21	22	23	24
25	26	27	28	29	30	31
1	2	3	4	5	6	7

NOTES:

2023 AT A GLANCE

JANUARY						
S	M	T	W	T	F	S
1	2	3	4	5	6	7
8	9	10	11	12	13	14
15	16	17	18	19	20	21
22	23	24	25	26	27	28
29	30	31	1	2	3	4
5	6	7	8	9	10	11

FEBRUARY						
S	M	T	W	T	F	S
29	30	31	1	2	3	4
5	6	7	8	9	10	11
12	13	14	15	16	17	18
19	20	21	22	23	24	25
26	27	28	1	2	3	4
5	6	7	8	9	10	11

MARCH						
S	M	T	W	T	F	S
26	27	28	1	2	3	4
5	6	7	8	9	10	11
12	13	14	15	16	17	18
19	20	21	22	23	24	25
26	27	28	29	30	31	1
2	3	4	5	6	7	8

APRIL						
S	M	T	W	T	F	S
26	27	28	29	30	31	1
2	3	4	5	6	7	8
9	10	11	12	13	14	15
16	17	18	19	20	21	22
23	24	25	26	27	28	29
30	1	2	3	4	5	6

MAY						
S	M	T	W	T	F	S
30	1	2	3	4	5	6
7	8	9	10	11	12	13
14	15	16	17	18	19	20
21	22	23	24	25	26	27
28	29	30	31	1	2	3
4	5	6	7	8	9	10

JUNE						
S	M	T	W	T	F	S
28	29	30	31	1	2	3
4	5	6	7	8	9	10
11	12	13	14	15	16	17
18	19	20	21	22	23	24
25	26	27	28	29	30	1
2	3	4	5	6	7	8

NOTES:

2023 AT A GLANCE

JULY						
S	M	T	W	T	F	S
25	26	27	28	29	30	1
2	3	4	5	6	7	8
9	10	11	12	13	14	15
16	17	18	19	20	21	22
23	24	25	26	27	28	29
30	31	1	2	3	4	5

AUGUST						
S	M	T	W	T	F	S
30	31	1	2	3	4	5
6	7	8	9	10	11	12
13	14	15	16	17	18	19
20	21	22	23	24	25	26
27	28	29	30	31	1	2
3	4	5	6	7	8	9

SEPTEMBER						
S	M	T	W	T	F	S
27	28	29	30	31	1	2
3	4	5	6	7	8	9
10	11	12	13	14	15	16
17	18	19	20	21	22	23
24	25	26	27	28	29	30
1	2	3	4	5	6	7

OCTOBER						
S	M	T	W	T	F	S
1	2	3	4	5	6	7
8	9	10	11	12	13	14
15	16	17	18	19	20	21
22	23	24	25	26	27	28
29	30	31	1	2	3	4
5	6	7	8	9	10	11

NOVEMBER						
S	M	T	W	T	F	S
29	30	31	1	2	3	4
5	6	7	8	9	10	11
12	13	14	15	16	17	18
19	20	21	22	23	24	25
26	27	28	29	30	1	2
3	4	5	6	7	8	9

DECEMBER						
S	M	T	W	T	F	S
26	27	28	29	30	1	2
3	4	5	6	7	8	9
10	11	12	13	14	15	16
17	18	19	20	21	22	23
24	25	26	27	28	29	30
31	1	2	3	4	5	6

NOTES:

2024 AT A GLANCE

JANUARY						
S	M	T	W	T	F	S
31	1	2	3	4	5	6
7	8	9	10	11	12	13
14	15	16	17	18	19	20
21	22	23	24	25	26	27
28	29	30	31	1	2	3
4	5	6	7	8	9	10

FEBRUARY						
S	M	T	W	T	F	S
28	29	30	31	1	2	3
4	5	6	7	8	9	10
11	12	13	14	15	16	17
18	19	20	21	22	23	24
25	26	27	28	29	1	2
3	4	5	6	7	8	9

MARCH						
S	M	T	W	T	F	S
25	26	27	28	29	1	2
3	4	5	6	7	8	9
10	11	12	13	14	15	16
17	18	19	20	21	22	23
24	25	26	27	28	29	30
31	1	2	3	4	5	6

APRIL						
S	M	T	W	T	F	S
31	1	2	3	4	5	6
7	8	9	10	11	12	13
14	15	16	17	18	19	20
21	22	23	24	25	26	27
28	29	30	1	2	3	4
5	6	7	8	9	10	11

MAY						
S	M	T	W	T	F	S
28	29	30	1	2	3	4
5	6	7	8	9	10	11
12	13	14	15	16	17	18
19	20	21	22	23	24	25
26	27	28	29	30	31	1
2	3	4	5	6	7	8

JUNE						
S	M	T	W	T	F	S
26	27	28	29	30	31	1
2	3	4	5	6	7	8
9	10	11	12	13	14	15
16	17	18	19	20	21	22
23	24	25	26	27	28	29
30	1	2	3	4	5	6

NOTES:

2024 AT A GLANCE

JULY

S	M	T	W	T	F	S
30	1	2	3	4	5	6
7	8	9	10	11	12	13
14	15	16	17	18	19	20
21	22	23	24	25	26	27
28	29	30	31	1	2	3
4	5	6	7	8	9	10

AUGUST

S	M	T	W	T	F	S
28	29	30	31	1	2	3
4	5	6	7	8	9	10
11	12	13	14	15	16	17
18	19	20	21	22	23	24
25	26	27	28	29	30	31
1	2	3	4	5	6	7

SEPTEMBER

S	M	T	W	T	F	S
1	2	3	4	5	6	7
8	9	10	11	12	13	14
15	16	17	18	19	20	21
22	23	24	25	26	27	28
29	30	1	2	3	4	5
6	7	8	9	10	11	12

OCTOBER

S	M	T	W	T	F	S
29	30	1	2	3	4	5
6	7	8	9	10	11	12
13	14	15	16	17	18	19
20	21	22	23	24	25	26
27	28	29	30	31	1	2
3	4	5	6	7	8	9

NOVEMBER

S	M	T	W	T	F	S
27	28	29	30	31	1	2
3	4	5	6	7	8	9
10	11	12	13	14	15	16
17	18	19	20	21	22	23
24	25	26	27	28	29	30
1	2	3	4	5	6	7

DECEMBER

S	M	T	W	T	F	S
1	2	3	4	5	6	7
8	9	10	11	12	13	14
15	16	17	18	19	20	21
22	23	24	25	26	27	28
29	30	31	1	2	3	4
5	6	7	8	9	10	11

NOTES:

2025 AT A GLANCE

JANUARY						
S	M	T	W	T	F	S
29	30	31	1	2	3	4
5	6	7	8	9	10	11
12	13	14	15	16	17	18
19	20	21	22	23	24	25
26	27	28	29	30	31	1
2	3	4	5	6	7	8

FEBRUARY						
S	M	T	W	T	F	S
26	27	28	29	30	31	1
2	3	4	5	6	7	8
9	10	11	12	13	14	15
16	17	18	19	20	21	22
23	24	25	26	27	28	1
2	3	4	5	6	7	8

MARCH						
S	M	T	W	T	F	S
23	24	25	26	27	28	1
2	3	4	5	6	7	8
9	10	11	12	13	14	15
16	17	18	19	20	21	22
23	24	25	26	27	28	29
30	31	1	2	3	4	5

APRIL						
S	M	T	W	T	F	S
30	31	1	2	3	4	5
6	7	8	9	10	11	12
13	14	15	16	17	18	19
20	21	22	23	24	25	26
27	28	29	30	1	2	3
4	5	6	7	8	9	10

MAY						
S	M	T	W	T	F	S
27	28	29	30	1	2	3
4	5	6	7	8	9	10
11	12	13	14	15	16	17
18	19	20	21	22	23	24
25	26	27	28	29	30	31
1	2	3	4	5	6	7

JUNE						
S	M	T	W	T	F	S
1	2	3	4	5	6	7
8	9	10	11	12	13	14
15	16	17	18	19	20	21
22	23	24	25	26	27	28
29	30	1	2	3	4	5
6	7	8	9	10	11	12

NOTES:

2025 AT A GLANCE

JULY

S	M	T	W	T	F	S
29	30	1	2	3	4	5
6	7	8	9	10	11	12
13	14	15	16	17	18	19
20	21	22	23	24	25	26
27	28	29	30	31	1	2
3	4	5	6	7	8	9

AUGUST

S	M	T	W	T	F	S
27	28	29	30	31	1	2
3	4	5	6	7	8	9
10	11	12	13	14	15	16
17	18	19	20	21	22	23
24	25	26	27	28	29	30
31	1	2	3	4	5	6

SEPTEMBER

S	M	T	W	T	F	S
31	1	2	3	4	5	6
7	8	9	10	11	12	13
14	15	16	17	18	19	20
21	22	23	24	25	26	27
28	29	30	1	2	3	4
5	6	7	8	9	10	11

OCTOBER

S	M	T	W	T	F	S
28	29	30	1	2	3	4
5	6	7	8	9	10	11
12	13	14	15	16	17	18
19	20	21	22	23	24	25
26	27	28	29	30	31	1
2	3	4	5	6	7	8

NOVEMBER

S	M	T	W	T	F	S
26	27	28	29	30	31	1
2	3	4	5	6	7	8
9	10	11	12	13	14	15
16	17	18	19	20	21	22
23	24	25	26	27	28	29
30	1	2	3	4	5	6

DECEMBER

S	M	T	W	T	F	S
30	1	2	3	4	5	6
7	8	9	10	11	12	13
14	15	16	17	18	19	20
21	22	23	24	25	26	27
28	29	30	31	1	2	3
4	5	6	7	8	9	10

NOTES:

Notes

Made in the USA
Monee, IL
11 January 2022

88727930R00063